UNA MIRADA AL ESPACIO

DAVID GLOVER

STAMPLEY

Cómo usar este libro

Referencias cruzadas

Busca las páginas que se citan en la parte superior de las páginas de la izquierda para saber más de cada tema.

Haz la prueba

Estas burbujas te permiten poner en práctica algunas de las ideas de este libro. Así podrás comprobar si esas ideas funcionan.

Rincón bilingüe

Aquí encontrarás las palabras clave de cada tema, así como frases y preguntas relacionadas con el mismo. ¿Puedes contestar las preguntas? Verás también las **palabras clave en inglés**, junto con su **pronunciación inglesa**. Practica en inglés las palabras que aparecen en negrita dentro de las frases y preguntas.

Curiosidades

En este apartado encontrarás datos de interés sobre otros asuntos relacionados con el tema.

Glosario

Las palabras de difícil significado se explican en el glosario que encontrarás al final del libro. Estas palabras aparecen en negritas a lo largo de todo el texto.

Índice

Al final del libro encontrarás el índice, que relaciona por orden alfabético la mayoría de las palabras que aparecen en el texto. Localiza en el índice la palabra de tu interés y ¡verás en qué página aparece la palabra!

Contenido

¿Qué es el espacio?

Cuando contemplas las estrellas en una noche clara, estás viendo al espacio. Estrellas, planetas, **lunas**, **cometas** y **asteroides** forman parte del espacio. El espacio entero y todo cuanto hay en él, incluidos nosotros, constituye el universo.

Nuestro planeta

El planeta en que vivimos, la Tierra, es una esfera de roca y metal que se mueve en el espacio y que nos parece enorme; pero, comparada con el universo, es minúscula.

HAZ LA PRUEBA

En una noche clara, usa unos prismáticos para ver más de cerca el cielo nocturno. Bien abrigado, elige un lugar cómodo al aire libre y disfruta del extraordinario espectáculo que se extiende ante ti.

Aprende acerca del espacio

Científicos llamados astrónomos estudian las estrellas y los planetas por medio de potentes **telescopios**. Para explorar más a fondo el espacio, los cohetes lanzan naves espaciales a otros planetas. Estas naves envían a la Tierra imágenes en primer plano de los planetas y sus **lunas**.

◀ Los astronautas o personas que viajan al espacio visten trajes especiales para proteger su cuerpo y poder respirar.

Estrellas refulgentes

Hay millones de estrellas en el espacio y, aunque parecen diminutos puntos luminosos, son en realidad enormes esferas de **gas** candente. El Sol es una estrella que brilla más que las demás porque está cerca de la Tierra.

CUIDADO:
Nunca mires directamente al Sol con o sin prismáticos. Su luz es tan potente que podría dañar tus ojos.

Rincón Bilingüe

asteroide · asteroid · *ásteroid*
cielo · sky · *scái*
espacio · space · *spéis*
nave espacial · spacecraft · *spéis craft*
planeta · planet · *plánet*
telescopio · telescope · *télescoup*
universo · universe · *iúnivers*

¿Hay muchas o pocas estrellas en el **espacio**?
¿Cómo se llama el **planeta** donde vivimos?
¿Qué es el **universo**?

▶ Hace miles de años, se veían las mismas estrellas que tú ves hoy día.

véase: Planetas rocosos, pág. 10; Planetas gaseosos, pág. 12

El sistema solar

Llamamos sistema solar al Sol y al conjunto de astros y objetos que viajan en **órbita** en torno a él. El sistema solar comprende nueve planetas y más de 60 **lunas**, así como numerosos objetos más pequeños, como **cometas** y **asteroides**, que también giran alrededor del Sol.

Los planetas

Los nueve planetas del sistema solar tienen distintas dimensiones, se hallan a diferentes distancias del Sol y giran a velocidades distintas. La Tierra tarda un año en dar una vuelta completa. Mercurio es el más cercano, y le siguen Venus, la Tierra, Marte, Júpiter, Saturno, Urano, Neptuno y Plutón.

Gravedad y órbitas

En la Tierra, la fuerza de **gravedad** atrae a todos los objetos hacia ella y hace que la **Luna** gire alrededor de la Tierra; en astros más grandes, la **gravedad** es más intensa. La **gravedad** del Sol mantiene a los planetas en **órbita** e impide que floten sin rumbo.

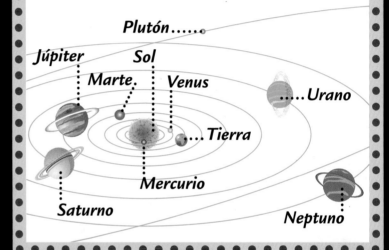

▶ En esta ilustración se comparan las distintas dimensiones de los planetas. Las distancias entre ellos son mucho más grandes de lo que se muestra aquí.

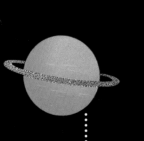

*Plutón es el planeta más pequeño; más aún que la **Luna**.*

Neptuno es un planeta azul, cubierto por finas capas de nubes blancas.

Urano gira con una inclinación diferente a los demás planetas.

Saturno tiene muchos y hermosos anillos en el centro.

Los planetas, a excepción de la Tierra, tienen nombres de dioses griegos y romanos. Marte, por ejemplo, era el dios de la guerra; Venus, la diosa del amor; Neptuno, el dios del mar.

Mercurio es sólo un poco más grande que la **Luna**.

Densas nubes de **gas** venenoso rodean a Venus.

El agua cubre la mayor parte de la Tierra.

El Sol está en el centro del sistema solar.

Visto desde la Tierra, Marte es de color rojo.

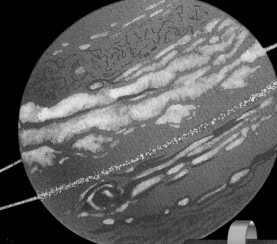

Asteroides y cometas
Los **asteroides** son fragmentos de roca. Millones de ellos giran alrededor del Sol entre Marte y Júpiter. Los **cometas** son bolas de nieve y polvo que giran en **órbita** elíptica alrededor del Sol. Cuando un **cometa** se acerca al Sol, la nieve se convierte en **gas**, y se forma una cola luminosa.

Rincón Bilingüe

Júpiter · Jupiter · *llúpiter*   **Marte** · Mars · *mars*
Mercurio · Mercury · *mércuri*   **Neptuno** · Neptune · *néptiun*
nueve · nine · *náin*   **Plutón** · Pluto · *pluto*
Saturno · Saturn · *sáturn*   **Tierra** · Earth · *érz*
Urano · Uranus · *iúreinus*   **Venus** · Venus · *vinus*

¿Puedes nombrar los **nueve** planetas del sistema solar?
¿Cómo actúa la gravedad?

Júpiter es el más grande de todos los planetas; él y Venus se ven fácilmente en el cielo nocturno.

véase: El sistema solar, pág. 6

El Sol y la Luna

El Sol está a millones de kilómetros de la Tierra. A pesar de esa enorme distancia, sus rayos nos calientan y hacen que crezcan las plantas en nuestro planeta. La **Luna** es una esfera rocosa y fría que gira alrededor de la Tierra; su diámetro es 4 veces más pequeño que el de ésta y 400 veces más pequeño que el del Sol. En ella no hay aire, ni agua, ni vida.

Los días y las noches

Mientras la Tierra traza su **órbita** en torno al Sol, también gira sobre sí misma una vez cada 24 horas (un día). Cuando el lado donde tú vives mira hacia el Sol es de día; cuando mira hacia el lado contrario, es de noche.

············· *día*

·········· *noche*

▲ La Tierra gira sobre su eje y pasa del día a la noche; el Sol poco a poco se oculta.

▶ Igual que la Tierra gira en torno al Sol, la **Luna** gira en torno a la Tierra.

Los cambios de la Luna

La **Luna** brilla en la noche pero no con su propia luz, sino que, igual que un espejo, refleja la luz del Sol. Cada noche la **Luna** cambia ligeramente de forma. Ello se debe a que el lado iluminado que nosotros vemos cambia de ángulo conforme la **Luna** traza su **órbita** en torno a la Tierra.

▼ Cada mes, la **Luna** tarda unos quince días en cambiar de nueva a llena y otros quince para pasar a **luna** nueva otra vez.

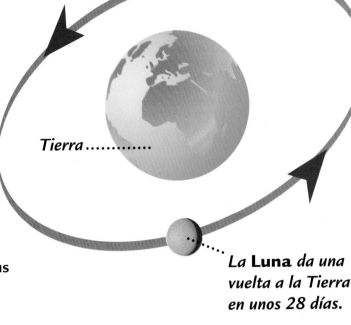

Tierra..............

*La **Luna** da una vuelta a la Tierra en unos 28 días.*

Luna nueva

Cuarto creciente

Media **luna**

Luna llena

HAZ LA PRUEBA

*La **Luna** está cubierta de enormes agujeros o **cráteres** que se forman cuando objetos celestes chocan contra su suelo. Llena un recipiente de harina y arroja en ella guijarros o canicas; retíralos y tendrás ¡tu propia superficie lunar!*

Rincón Bilingüe

ángulo · angle · *angl*
celeste · celestial · *celéstial*
cráteres · craters · *créiters*
día · day · *déi*
kilómetros · kilometers · *kilómeters*
Luna · Moon · *mún*
quince · fifteen · *fif-tin*

¿Cuál es más pequeño, el Sol o la **Luna**?
¿Cómo se formaron los **cráteres** en la **Luna**?
¿Qué constituye un **día**?

véase: El sistema solar, pág. 6; Planetas gaseosos, pág. 12

Planetas rocosos

Los cuatro planetas más cercanos al Sol (Mercurio, Venus, la Tierra y Marte) son planetas rocosos. Son esferas de roca cuyo núcleo es de metal. Plutón, el más alejado del Sol, es también rocoso. Se cree que está formado completamente de roca.

▼ Mercurio posee muchas montañas y **cráteres**. Su aspecto es similar al de la **Luna**, pero es mucho más caliente.

CURIOSIDADES

Algunos científicos creen que pudo haber vida en Marte hace millones de años, cuando el agua corría por el suelo del planeta. Sin embargo, ni la nave *Viking* que tomó tierra en Marte en 1976 o la nave *Pathfinder*, enviada a Marte en julio de 1997 encontraron signos de vida.

▶ Montañas rocosas y anchos **cráteres** cubren la ardiente superficie de Venus. Las nubes dan al cielo un color naranja.

El interior de la Tierra

La superficie terrestre se llama corteza. Debajo de ésta hay una capa rocosa llamada manto, y debajo de él, una capa de metal líquido caliente: el núcleo externo. El centro o núcleo interno es de metal sólido.

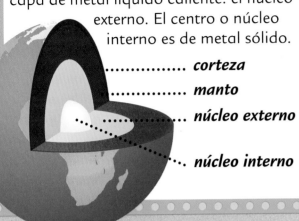

.... *corteza*

.... *manto*

.... *núcleo externo*

.... *núcleo interno*

Mercurio y Venus

Cuando Mercurio se acerca al Sol, la **temperatura** se eleva a tal grado que el plomo se derretiría; en la noche, cuando se aleja del Sol, el frío es muy intenso. En Venus, más alejado del Sol que Mercurio, la **temperatura** es más caliente. El calor queda atrapado por una capa gaseosa que rodea a Venus.

La Tierra y Marte

La Tierra está a la distancia adecuada del Sol para que haya vida en ella: no hace ni demasiado calor ni demasiado frío. Al parecer, es el único planeta que tiene agua que fluye. Marte es más pequeño y mucho más frío. Aunque hay agua en sus casquetes superior e inferior, está congelada.

Plutón

Plutón fue descubierto en 1930. Tiene una **luna**, casi tan grande como el mismo Plutón. Éste representa un misterio para los astrónomos, pues no ha sido explorado por ninguna nave espacial.

Rincón Bilingüe

cuatro · four · *fóor*
distancia · distance · *dístans*
misterio · mystery · *místeri*
plomo · lead · *led*
rocosos · rocky · *róqui*
único · only · *ónli*
vida · life · *láif*

¿Cuáles son los planetas **rocosos**?
El planeta Plutón es aún un **misterio**.
¿Hay agua en Marte?

véase: El sistema solar, pág. 6; Llegar a otros planetas, pág. 26

Planetas gaseosos

Júpiter, Saturno, Urano y Neptuno se conocen como los gigantes gaseosos. Son grandes planetas formados por **gas** y líquidos. Todos los planetas gaseosos tienen anillos de roca. Los astronautas no los han visitado porque están muy lejos y no poseen una superficie firme sobre la que puedan desembarcar.

▼ Júpiter tiene una delgada banda de **gas** de colores en la parte central.

▶ Los anillos de Saturno son los más espectaculares de todos.

*Conforme Saturno.......... gira, los vientos disponen los **gases** en bandas a su alrededor.*

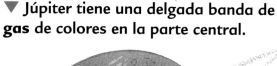

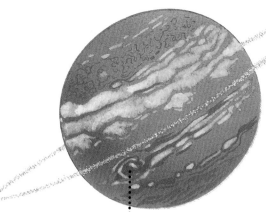

Gran Mancha Roja

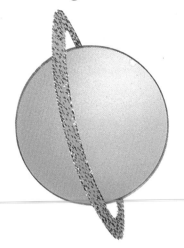

Júpiter y Saturno

Júpiter es el planeta más grande del sistema solar. Es 11 veces mayor que la Tierra y gira más rápido que los demás planetas. Sobre su superficie rugen violentas tormentas; una de ellas, la Gran Mancha Roja, dura ya más de 300 años. Saturno es el que le sigue y tiene al menos 22 **lunas**. Desde la Tierra, se pueden ver tres de sus anillos brillantes con un **telescopio**.

▼ Urano está rodeado de una gruesa capa azul de **gas**.

▼ Neptuno, el gigante gaseoso más alejado del Sol, es un poco más pequeño que Urano.

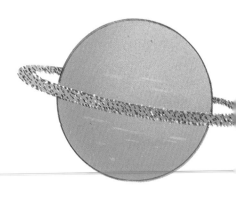

Los anillos de Saturno fueron los primeros que se .... descubrieron de un planeta.

CURIOSIDADES

Hace casi 400 años, el sabio italiano Galileo enfocó uno de los primeros **telescopios** hacia Júpiter. Descubrió cuatro de sus 16 **lunas** y fue la primera persona en ver **lunas** alrededor de otro planeta distinto de la Tierra.

La mancha de Anne es una tormenta gigante que se descubrió .... en 1980.

Urano y Neptuno

Urano tiene, al menos, 15 **lunas**. Es el único planeta gaseoso sobre el que no se han observado nubes ni tormentas. Sobre Neptuno, los vientos se mueven a una velocidad tres veces mayor que en la Tierra. Tritón, la mayor de sus **lunas**, es el lugar más frío del sistema solar.

Rincón Bilingüe

anillos · rings · *rings*
azul · blue · *blu*
banda · band · *band*
el más pequeño · smallest · *smólest*
sistema solar · solar system · *sóular sístem*

dieciséis · sixteen · *six-tin*
gigante · giant · *lláiant*
once · eleven · *iléven*

¿Cuál es el planeta gaseoso más grande? ¿Y **el más pequeño**? ¿Tienen **anillos** todos los **gigantes** gaseosos?

véase: Constelaciones, pág. 16

Estrellas y galaxias

Las estrellas, bolas de **gas** que arden por millones de años, forman parte de una **galaxia**, o grupo giratorio de estrellas. El Sol y las estrellas que vemos pertenecen a la **galaxia** de la Vía Láctea. Hay miles de millones de **galaxias** en el espacio.

Enormes distancias

La mayor parte de las estrellas de la Vía Láctea están tan alejadas que viajando en avión durante un millón de años no se llegaría a ellas. Su luz tarda cientos de años en llegar a la Tierra. La luz de una estrella lejana toma tanto tiempo que, cuando la vemos, la estrella ya ha muerto.

▼ Las estrellas nacen de enormes nubes de **gas** y polvo llamadas **nébulas**.

Nace una estrella

Durante millones de años, la **nébula** se convierte en bola por la **gravedad**. El **gas** se calienta y arde como estrella brillante. A medida que se consume el **gas**, la estrella muere.

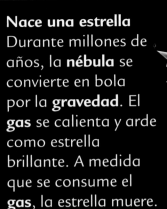

1. Nace la estrella.

2. Al cabo de millones de años, crece y se vuelve de color rojo.

3. Algunas estrellas explotan al morir.

▼ Nuestra **galaxia**, la Vía Láctea, tiene forma de espiral.

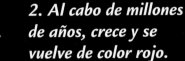

Una niebla de polvo estelar oculta el centro de la Vía Láctea.

Nuestro sistema solar se encuentra en el borde de un brazo de la Vía Láctea.

Movimiento a través del espacio

Unas **galaxias** poseen brazos en espiral, otras tienen forma oval y otras son desiguales. Como todos los cuerpos en el espacio, las **galaxias** giran. Los astrónomos han descubierto que se están alejando unas de otras.

Rincón Bilingüe

espiral · spiral · *spáiral*
estrella · star · *star*
galaxia · galaxy · *gálaxi*
luz · light · *láit*
nébula · nebula · *nébiula*
polvo · dust · *dost*
Vía Láctea · Milky Way · *mílki uéy*

Las **nébulas** se forman de gas y **polvo**.
¿Cómo se llama nuestra **galaxia**?
¿Qué tiempo "vive" una **estrella**?

véase: Estrellas y galaxias, pág. 14

Constelaciones

Cuando miras al cielo de la noche, las estrellas que brillan parecen formar dibujos. Antiguamente se les daba nombres de animales, héroes y dioses. Ahora las llamamos constelaciones y nos sirven para trazar los mapas del cielo nocturno.

Una mitad y otra
La Tierra se divide en dos mitades o hemisferios. La gente que vive en el hemisferio norte ve un conjunto diferente de estrellas a las que ven quienes viven en el hemisferio sur.

...... *hemisferio norte*

...... *hemisferio sur*

Vueltas y vueltas
A lo largo del año, a medida que la Tierra gira en torno al Sol, las constelaciones parecen desplazarse por el cielo. En el hemisferio norte sólo una estrella permanece en el mismo sitio. Es la Estrella Polar, que siempre se encuentra sobre el Polo Norte. Los marineros y otros viajeros la usan para no perder el rumbo en la noche.

▼ Algunas constelaciones que pueden observarse desde regiones del hemisferio norte, como Europa, México y China.

Osa Mayor

Estrella Polar

Osa menor

Reina Casiopea

Rey Cefeo

Dragón

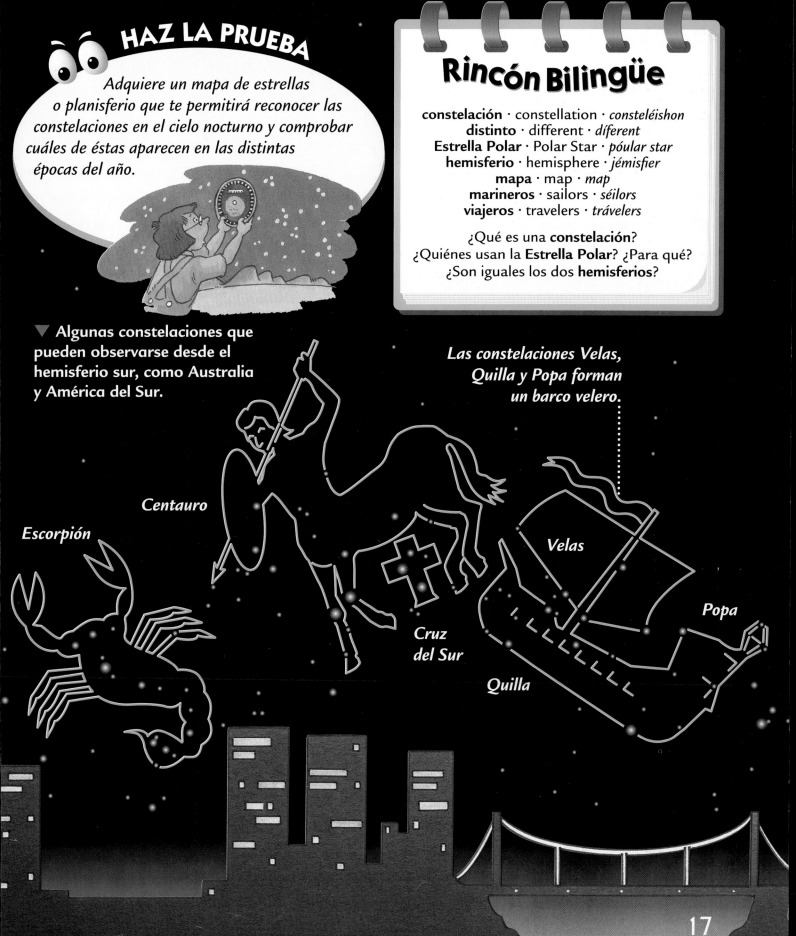

HAZ LA PRUEBA

Adquiere un mapa de estrellas o planisferio que te permitirá reconocer las constelaciones en el cielo nocturno y comprobar cuáles de éstas aparecen en las distintas épocas del año.

▼ Algunas constelaciones que pueden observarse desde el hemisferio sur, como Australia y América del Sur.

Las constelaciones Velas, Quilla y Popa forman un barco velero.

Centauro

Escorpión

Velas

Popa

Cruz del Sur

Quilla

véase: Cohetes, pág. 20; Estaciones espaciales, pág. 24

Para ser astronauta

Los astronautas viajan al espacio para reparar equipos, realizar experimentos o explorar. En 1961, el ruso Yuri Gagarin fue el primer astronauta en el espacio y viajó en **órbita** alrededor de la Tierra con la *Vostok 1*. Desde entonces, muchos astronautas han pasado incluso meses en el espacio.

Trajes espaciales

No hay aire en el espacio. Por eso, el traje espacial está lleno de **oxígeno** para respirar. Los **gases** en el espacio son gélidos y los rayos del Sol son muy calientes. El traje espacial protege al astronauta del frío espacial y del calor del Sol.

▶ Para trabajar en el exterior, el astronauta se sujeta a una silla móvil, llamada Unidad Tripulada de Maniobra (MMU).

El astronauta ······················· dirige la MMU con los controles de los brazos de la silla.

CURIOSIDADES

En el espacio, la gente se mueve fácilmente. Levantarse, sentarse, incluso correr, es tan fácil que los músculos pierden su fuerza. Para estar en forma, los astronautas practican en máquinas especiales.

Sentirse sin peso

Lejos de la Tierra, donde las naves espaciales vuelan, no hay **gravedad**. Las personas y los objetos flotan y todo el equipo en el interior de la nave tiene que ser almacenado en alacenas o sujetado a las paredes.

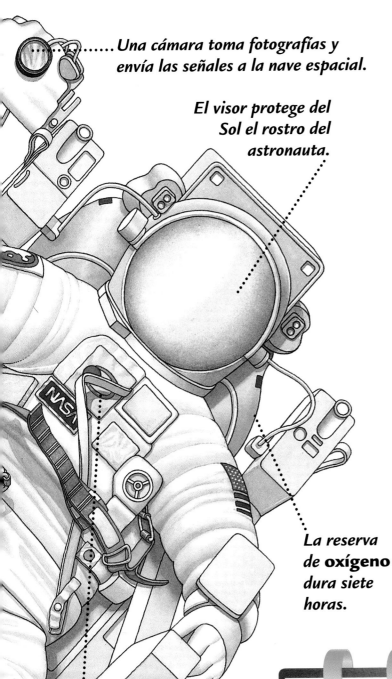

Una cámara toma fotografías y envía las señales a la nave espacial.

El visor protege del Sol el rostro del astronauta.

La reserva de **oxígeno** dura siete horas.

Una bolsa en el pecho lleva los controles de la computadora.

▲ Parte del entrenamiento de los astronautas se lleva a cabo bajo el agua, donde el peso es más ligero.

Escuela de astronautas

Lleva años de entrenamiento prepararse para una jornada en el espacio. Los astronautas aprenden a usar el equipo que los mantendrá con vida. Deben ser capaces de responder a cualquier emergencia y practican experimentos que luego realizarán a bordo.

Rincón Bilingüe

gravedad · gravity · *gráviti*   **reserva** · reserve · *risérv*
pecho · chest · *chest*   **visor** · visor · *váisor*
atmósfera · atmosphere · *átmosfier*
entrenamiento · training · *tréining*
traje espacial · space suit · *spéis sut*

¿Por qué es importante el **entrenamiento** de los astronautas?
¿Cuándo usan el **traje espacial** los astronautas?

véase: Transbordadores, pág. 22

Cohetes

Se usa la energía de los cohetes para lanzar **satélites** y **transbordadores espaciales**. Los cohetes necesitan mucha energía para elevar su **carga** desde la Tierra al espacio. Se quema **combustible** en su interior y de las toberas salen **gases** muy calientes a chorro, que los empujan hacia arriba.

▶ El cohete europeo más grande es el *Ariane 5*. Puede transportar hasta cuatro **satélites**.

HAZ LA PRUEBA

*Ve cómo sube al espacio un cohete. Infla un globo y suéltalo. El chorro de aire lo impulsa hacia arriba, del mismo modo que los **gases** calientes lanzan al espacio el cohete.*

Satélites en el espacio

Los **satélites** son vehículos espaciales no tripulados que orbitan la Tierra. Son lanzados por cohetes. Los **telescopios** espaciales son **satélites** que exploran el espacio y envían información a la Tierra sobre las estrellas y **galaxias** lejanas. Los **satélites** meteorológicos toman fotografías de la Tierra para predecir el tiempo.

Lanzamiento de un satélite

El *Ariane 5* tiene dos **cohetes impulsores** y dos secciones o etapas. Después del despegue, se separan los cohetes y la primera etapa.

cohete impulsor

segunda etapa

primera etapa

1. Despegue; se desprenden los dos cohetes impulsores.

2. La cubierta protectora se desprende.

3. La primera etapa se separa; la segunda etapa lleva al satélite al espacio.

▲ Sólo 12 personas han caminado en la **Luna**. El primero, Neil Armstrong, plantó una bandera de E. U.

El primero que pisó la Luna

En 1969, un enorme cohete de Estados Unidos lanzó el *Apolo 11* a la **Luna**. Separadas las etapas del cohete, el *Apolo 11* llevó a los astronautas cerca de la **Luna**. Luego, la nave envió un módulo especial con dos de los astronautas en él, Neil Armstrong y Buzz Aldrin, sobre la superficie lunar. Fueron los primeros humanos en pisar la **Luna**.

Rincón Bilingüe

combustible · fuel · *fiúel*
etapa · stage · *stéich*
human · human · *jíuman*
cohete impulsor · booster rocket · *búster róquet*
despegue · takeoff · *téik-of*

módulo · module · *módiul*
satélites · satellites · *sátelaits*
tripulación · crew · *cru*

¿Llevan **tripulación** a bordo los **satélites** meteorológicos?
¿Cómo funcionan los **cohetes impulsores**?

véase: Cohetes, pág. 20; Estaciones espaciales, pág. 24

Transbordadores

Son naves espaciales que pueden ser utilizadas varias veces. Han llevado al espacio y traído de regreso a muchos astronautas. Transportan **carga** a los **satélites**, regresando equipo que necesita ser reparado, o con los resultados de los experimentos.

▶ El **transbordador espacial** es lanzado por dos **cohetes impulsores** que se desprenden después del despegue.

La plataforma de carga
Los **satélites** u otros equipos se almacenan en la plataforma de **carga**, una gran área del **transbordador espacial**. Los **satélites** y las sondas espaciales pueden ser lanzados o reparados mediante un brazo-robot.

La vida a bordo del transbordador
Para vivir a bordo, los astronautas no necesitan trajes espaciales y pueden respirar el aire del interior. Duermen en sacos amarrados a las paredes, pues, de otra manera, flotarían por todos lados. Los viajes duran unos nueve días.

◀ Antes de llegar a la Tierra, el piloto apaga los motores. Aterriza igual que un avión, pero necesita una pista mucho mayor.

▶ El **Telescopio Espacial Hubble**, que nos envía fotografías de estrellas y **galaxias** lejanas, fue lanzado en 1990.

Rincón Bilingüe

avión · airplane · *érplein*
brazo-robot · robot arm · *róubot arm*
experimento · experiment · *expériment*
interior · interior · *intírior*
nave · ship · *ship*
plataforma · platform · *plátform*
transbordador · shuttle · *shótel*

¿Para qué se usa la **plataforma** de carga?
¿Qué es el **transbordador** espacial?
¿Crees que es útil esa **nave**?

Este astronauta utiliza el brazo–robot del transbordador para reparar el Telescopio Espacial Hubble.

véase: Para ser astronauta, pág.18; Transbordadores, pág. 22

Estaciones espaciales

Son grandes **satélites** donde los astronautas viven y llevan a cabo experimentos. En el futuro, estas estaciones funcionarán como fábricas donde se producirán materiales especiales y medicinas. Las **estaciones espaciales** serán el punto de partida de los viajes al universo.

La estación espacial *Mir*

En 1986, los rusos lanzaron la **estación espacial** *Mir*. Está formada por diferentes partes o módulos que fueron lanzados por cohetes y se acoplaron en el espacio. Siempre hay astronautas en la Mir, y algunos han vivido ahí más de un año, antes de volver a tierra.

▼ La nave espacial *Soyuz* se acopla al módulo principal de la *Mir*.

*Un **transbordador** **espacial**, como la Soyuz lleva a los astronautas a la Mir.*

Nuevos módulos se acoplan en el puerto de atraque.

Los astronautas entran por una escotilla desde el puerto de atraque.

CURIOSIDADES

Los ocupantes de la *Mir* deben evitar que, al comer, sus alimentos floten, pues podrían dañar partes importantes del equipo de navegación.

Salas adicionales

En cada módulo de la *Mir* se realizan distintas actividades. El principal es el área de estar, y otro más pequeño se usa como **observatorio** espacial. En un módulo separado se halla el área para las reparaciones en el exterior.

▶ El último módulo de la *Mir* se añadió en 1996. Hoy, los transbordadores llevan astronautas y equipo.

Los paneles solares de la estación usan la luz solar para producir electricidad.

Dentro de la Mir, los astronautas no tienen que vestir traje espacial.

Los astronautas comen, duermen y trabajan en el módulo principal.

Accidentes en el espacio

En 1997, un **transbordador espacial** chocó contra la *Mir*. Nadie resultó herido, pero se perdieron experimentos importantes. En el futuro, otra estación más grande y segura, la *Estación Espacial Internacional*, podrá conectarse a la *Mir*.

Rincón Bilingüe

antes · before · *bifóor*
equipo · equipment · *icuípment*
estación · station · *stéichon*
exterior · exterior · *extírior*
observatorio · observatory · *obsérvatori*
paneles · panels · *panels*
puerto de atraque · docking port · *dóquing port*

Los **paneles** solares producen electricidad.
¿Hay un **observatorio** a bordo de la Mir?
Nombra la primera **estación** espacial.

véase: Planetas rocosos, pág. 10; Planetas gaseosos, pág. 12

Llegar a otros planetas

Los astronautas sólo han llegado a la **Luna**, pero para la exploración interplanetaria los científicos usan las sondas espaciales, que envían información y fotografías a la Tierra. Estas sondas han desembarcado o pasado cerca de todos los planetas del sistema solar excepto Plutón.

▼ Sondas y un robot han descendido en el suelo rojo de Marte y enviado imágenes.

El *Voyager 2*

Esta sonda fue lanzada en 1977. Ha sobrevolado Júpiter, Saturno, Urano y Neptuno, transmitiendo fotografías de los planetas y sus **lunas** a la Tierra. Ahora ha abandonado el sistema solar y se dirige al espacio exterior.

Saturno

Júpiter

La Tierra

Urano

Neptuno

En busca de vida

El *Voyager 2* lleva a bordo una grabación especial, "Sonidos de la Tierra", que es un saludo para cualquier ser vivo que lo encuentre. La grabación contiene palabras en más de 60 idiomas y música de todos los países del mundo.

En 1995, después de seis años de viaje, la sonda espacial *Galileo* llegó a Júpiter. Dejó caer otra sonda más pequeña entre las nubes del planeta para analizar sus capas de **gases**. Esta sonda envió a la Tierra primeros planos del planeta.

Rincón Bilingüe

científicos · scientists · *záientists*
música · music · *miúsic*
rojo · red · *red*
seis · six · *six*
sonda espacial · space probe · *spéis proub*
superficie · surface · *sérfas*
viaje · journey · *llérni*

¿Qué aspecto tiene la **superficie** de Marte?
¿Cuánto tiempo demora un **viaje** a Júpiter?
¿Qué **sonda espacial** orbitó a Júpiter?

◀ **Después de lanzar la pequeña sonda, Galileo orbitó Júpiter y visitó cuatro de sus lunas.**

véase: Cohetes, pág. 20

Ciencia espacial

La exploración espacial ha sido posible gracias al trabajo de los científicos. Se están construyendo nuevos cohetes y sondas espaciales que nos permiten saber más del Universo. Mientras se diseñan equipos espaciales, los científicos descubren nuevos materiales que son útiles en la Tierra y en el espacio.

Satélites de comunicación
Los **satélites** espaciales permiten que los pueblos de la Tierra se comuniquen entre sí. Las señales telefónicas o de televisión llegan instantáneamente de un lado a otro de la Tierra.

1 Una persona habla por teléfono en Estados Unidos.

2 La señal rebota en el satélite.

3 La señal llega al teléfono en África.

▶ Las capas de estos corredores se fabrican con un material diseñado para los astronautas.

Aprender del espacio
Ahora sabemos más sobre cómo son las estrellas y los planetas y cómo se formó el Universo. La ciencia espacial ha cambiado también nuestras vidas. Detectores de humo, ropa a prueba de fuego, materiales para cascos protectores, zapatos de tenis, todo es resultado de la investigación espacial.

▼ Los astronautas llegarán algún día a Marte. Así imaginan algunos científicos el futuro en Marte.

Las mascotas llevarán también trajes espaciales.

En gigantescos invernaderos, las plantas proveerán alimento.

Se podrá recorrer
Marte en este
vehículo especial.

Los vehículos tendrán
gruesos neumáticos para
el pedregoso terreno
de Marte.

Se utilizarán
antenas para enviar
mensajes por **satélite**
a la Tierra.

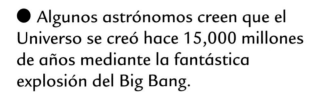

Curiosidades

● Algunos astrónomos creen que el Universo se creó hace 15,000 millones de años mediante la fantástica explosión del Big Bang.

☆ *Las ondas que llevan los programas de radio y televisión nunca desaparecen. Viajan al espacio, recorriendo millones de km cada año. Los extraterrestres —si existen— ¡podrían sintonizar algún día nuestros programas!*

● La montaña más alta del sistema solar es el Monte Olimpo de Marte. Es tres veces más alto que el Everest.

☆ *La gente es más alta en el espacio: En la Tierra, la **gravedad** mantiene los huesos apretados. En el espacio no hay gravedad, y la distancia entre los huesos es más grande.*

● Story Musgrave, estadouniense, es uno de los astronautas con mayor experiencia. En 1996, al viajar con 61 años de edad, se convirtió en el decano de los astronautas.

☆ *El color de las estrellas depende de la intensidad de su calor. Las más calientes son azules, y les siguen las blanquiazules o blancas. Las de calor medio son amarillas, y las más frías, rojas.*

● Las estrellas más lejanas que se pueden ver sin **telescopio** se hallan en la **galaxia** de Andrómeda. Su luz tarda más de dos millones de años en llegar a la Tierra.

☆ *El primer animal enviado al espacio fue una perrita llamada Laika. Voló en 1957 en el **satélite** ruso Sputnik 2.*

● Se creía que las zonas oscuras de la Luna eran mares. Ahora sabemos que son enormes manchas de roca oscura.

☆ *Se ha enviado un mensaje de radio a un grupo de estrellas llamado M13 y tardará en llegar 25,000 años; su respuesta deberá esperarse dentro de 50,000 años.*

Glosario

asteroide Trozo de roca que gira en torno al Sol.

carga Alimentos, equipo y otros transportados por un vehículo espacial.

cohete impulsor Provee de energía adicional para el despegue. Se desprende segundos después de lanzado el cohete principal.

combustible Material que se quema en un motor y lo hace funcionar.

cometa Bola de nieve y polvo que gira en torno al Sol.

cráter Hueco en un planeta o luna causado por objetos al chocar contra su superficie.

estación espacial Nave que explora el espacio con personal a bordo.

Los astronautas viven ahí por varios meses.

galaxia Grupo de millones de estrellas.

gas Sustancia tal como el aire, que no es líquida ni sólida.

gravedad Fuerza que hace que las cosas caigan o pesen. Los planetas y las estrellas poseen gravedad.

luna Cuerpo espacial que gira alrededor de un planeta. Es más pequeña que su planeta.

nébula Mancha oscura o brillante de gas y polvo en el cielo nocturno.

observatorio Lugar donde se usan telescopios y otros aparatos para estudiar el espacio.

órbita Trayectoria curva de un cuerpo en el espacio cuando gira alrededor de otro mayor.

oxígeno Gas que se encuentra en el aire. Plantas y animales lo necesitan para vivir.

satélite Máquina o cuerpo en el espacio que gira en torno a otro de mayor tamaño.

telescopio Tubo con lentes de vidrio o espejos curvos para ver los objetos más grandes y más claramente.

temperatura Lo caliente o frío que está un objeto.

transbordador espacial Nave espacial que se utiliza más de una vez.

Índice

Editado en 1998 por
C. D. Stampley Enterprises, Inc.
Charlotte, NC, USA
Edición española
© C. D. Stampley Ent., Inc. 1998

Primera edición en inglés por
© Two-Can Publishing Ltd., 1998

Texto: David Glover
Asesor: Carole Stott
Arte: Stuart Trotter, Teri Gower, Mel Pickering y Jason Lewis

Director editorial: Robert Sved
Director arte: Carole Orbell
Diseñador en jefe: Gareth Dobson
Producción: Adam Wilde
Editor: Janet De Saulles
Investigación en fotografía: Laura Cartwright

Traducción al español:
María Teresa Sanz

ISBN: 1-58087-007-4

Créditos fotográficos:
cubierta: Pictor; p4: Planet Earth Pictures; p8: Planet Earth Pictures; p10: NASA/Science Photo Library; p14: Royal Observatory, Edinburgh /AAO/Science Photo Library; p19: NASA/Science Photo Library; p22(s): Pictor International; p22(i): NASA/Science Photo Library; p23: Planet Earth Pictures; p25, p26: NASA; p29: PA News.